2008 〈본고사 논술〉 새입시 대비
교육인적자원부 〈독서교육 강화〉 정책 반영

억지독서보다 읽는방법부터

바깔로레아
독서혁명

초등 | 고급

독서가 중요해지는 즈음에

'독서가 중요하다'

요즈음에 참 많이 듣게 되는 소리입니다.

"책 좀 그만 보고 공부해라" 하던 것이 불과 10여 년 전이니, 많은 것들이 본분을 잃어가는 요즈음에

교육의 큰 틀 만큼은 좋은 쪽으로 가는 것 같아 마음이 놓입니다.

그런데, 또 마음을 쉽게 놓을 수 있는 상황이 못 됩니다.

교육부는 이제 학교에 독서 목록을 주고, 독서 기록을 어떤 식으로든 서류로 남겨서

내신은 물론, 대학 입시에도 반영을 한다고 합니다.

어떻게든 학생들에게 책을 읽게 하려는 노력은 좋지만

독서가 또 다른 입시 과목이 되어

아이들을 행복하게 하는 것이 아니라,

불행하게 만들까 걱정됩니다.

서울시 교육청은 아예 학년별 도서 목록을 만들어서 내놓았습니다.

그래서 많은 부모님들이 그 책들을 마치 꼭 읽어야 할 어떤 것으로 아시는 분들도 많습니다.

관이 나서서 읽어야 할 책을 골라 주는 것은 고맙지만, 개개인의 책에 대한 취향과 관심, 그리고 읽어야 할 수많은 책 중에서

그 책들만 의무적으로 읽히려 하지는 않을까 걱정됩니다.

독서에 대한 이런저런 고민을 늘어놓으면 이렇게 끝이 없습니다.

그러나 분명한 것은 특정 교과목들을 놓고, 그 중에서도 교과 진도에 있는 내용만 얄팍하게 외우고,

그것을 객관식 시험 문제로 고르게 하던 낡은 풍토에서 벗어나 교과 이외의 폭넓은 책을 직접 읽고,

스스로 말과 글로 표현하게 하는 틀이 잡혀가고 있다는 사실입니다.

그래서 이제 본론을 이야기하려 합니다.

책을 읽게 하자는 것은 좋습니다.

그러나 우리는 막상 '읽으라' 고만 하지, '어떻게 읽으라' 고 아이들에게 말해 주지 않습니다.

감각이 있거나, 스스로 깨우치는 몇몇 아이들을 제외하면

초등학교 1학년 때나 고 3때나 그저 글자를 읽을 뿐,

독서의 방법을 제대로 알지 못해

머리말

독서의 재미도 모르고, 그저 힘들게 억지로 책을 읽습니다.

여러 선생님들이 지적하시는 것처럼
읽기의 과정은 우선 자기 감정으로 충실히 글을 접할 수 있는
마음의 여지와 그릇이 있어야 합니다.
그리고 책의 내용을 무조건 받아들일 것이 아니라, 주어진 정보를 사실적으로 이해한 후, 책에 없는 내용을 스스로 상상해서 이해를 넓히고,
스스로 비판적인 기준을 제시하며 읽으면 사고의 범위와 수준이 확장될 것입니다.
이에 더해 읽은 내용을 새롭고 창의적으로 활용할 줄도 알아야 하며,
여러 가지 다른 글을 읽고 비교하면서 이해와 지식, 더 나아가 지혜를 넓혀야 합니다.
특히 최근에는 단순히 '글' 만이 읽기의 대상이 아닙니다.
그래서 주변에 범람하는 그 수많은 의미들, 광고와 신문 기사와 영화와 방송물들까지 읽어낼 수 있는 능력을 갖추어야 합니다.

요즘은 독서와 함께 논술도 덩달아 뜨고 있습니다.
논술과 독서는 떨어질 수 없습니다.
대학도 독서 결과를 서류로 평가하기보다는
그것을 글과 말로 평가하여 학생 속의 그릇과 깊이를 보려고 합니다.
공부의 기본은 읽고, 생각하고, 쓰기입니다.
그래서 이 책은 독서의 방법을 알려 주고, 논술로 자연스럽게 연결되도록 배려하였습니다.

이 책을 공부하는 모든 아이들이 스스로 읽고 생각하는 재미를 아는 것만이
이 책의 유일한 출간 목표임을 말씀드리며, 독서 · 논술 교육이 여러모로 더 좋아지고 풍성해지길 하는 바람입니다.

저자 일동

이 책을 공부하기 전에

1. 이 책은 최초로 독서 교육을 방법론적인 부분으로 접근한 교재입니다. 8가지의 독서 방법론을 순차적으로 밟아 가며 독서를 체계적이고 심층적으로 배움으로써 실질적이고 효율적인 독서·논술 학습이 가능하도록 하였습니다.

2. 무조건 읽는 것이 아니라 읽는 방법부터 가르치는 본 교재는 완벽한 독서를 위해 독서 방법을 8가지로 나누어 제시하고 있습니다. 실제 독서를 할 때에는 이 방법들을 적절히 조화하여 적용하도록 합니다. 이러한 독서 훈련은 재미있는 책읽기를 실현할 수 있을 뿐 아니라 변화한 입시를 체계적으로 준비하는 과정이 될 것입니다.

1 자기 감정으로 읽기
나를 이해해 줘! 09

2 사실적으로 읽기
사실대로 말하란 말이야! 23

독서에서 논술로 01
주는 만큼 행복한 도움 37

3 추리·상상하며 읽기
그 다음엔 어찌 되었는고? 43

4 비판하며 읽기
꼼꼼하게 의심해 보자 57

독서혁명 순서 보기

h a k c h u n

● **독서에서 논술로 02**
칼로 흥한 자, 칼로 망한다.　　　　　　　　　　　　　　　71

5 구조 파악하며 읽기
뼈대부터 봐야죠!　　　　　　　　　　　　　　　　　　77

6 비교하며 읽기
골고루 읽어요~!　　　　　　　　　　　　　　　　　　91

● **독서에서 논술로 03**
사람만이 살기 좋은 세상!　　　　　　　　　　　　　　105

7 창의적으로 읽기
생각하라, 더 많이 보일 것이니~!　　　　　　　　　　111

8 미디어 읽기
내 눈으로 보는 미디어　　　　　　　　　　　　　　　125

● **독서에서 논술로 04**
입은 비뚤어져도 말은 바로 해라!　　　　　　　　　　　139

책 속의 책 GUIDE & 가능한 답변들

자기 감정으로 읽기
- 글의 내용을 자기의 감정과 입장으로 실감나게 읽는 방법을 훈련합니다.
- 글의 내용을 나의 문제로 연관시켜 읽는 훈련을 통해 책에 대한 이해를 높여주고 수준높은 감동과 재미를 느낄 수 있게 해 줍니다.

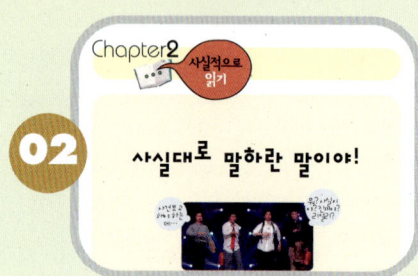

사실적으로 읽기
- 책의 내용을 정확하게 이해하고 파악하는 방법을 연습합니다.
- 글의 정보를 바르게 이해하고 소화할 수 있는 독서 연습을 통해 정확한 정보의 이해력을 높이고 독서 속도를 빠르게 키워 줍니다.

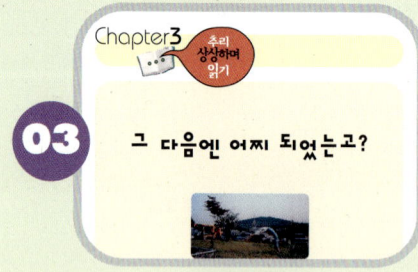

추리 · 상상하며 읽기
- 글 속에 숨은 정보까지 찾아내어 폭넓게 이해하고 풍부한 정보까지 파악하는 방법을 연습합니다.
- 글과 연계된 다양한 상황들을 추론하고 상상하는 독서 연습을 통해 창의력과 논리적인 사고력을 키워 줍니다.

비판하며 읽기
- 글의 내용을 자신의 생각과 판단으로 비판하며 읽는 방법을 연습합니다.
- 논리적으로 비판하며 책을 읽는 훈련으로 판단력과 사고력을 키워 주고 적극적이고 주도적인 독서 습관을 길러 줍니다.

독서혁명 학습 시스템

h a k c h u n

구조 파악하며 읽기
- 책의 내용을 개념과 구조, 시간 순서 등에 의해 입체적으로 읽는 방법을 연습합니다.
- 인물간의 관계, 사건의 순서, 작자가 설치한 내용 구조 등을 파악하는 훈련을 통해 효율적인 독서 능력을 키워 주며, 깊이 있는 독서를 할 수 있게 합니다.

비교하며 읽기
- 서로 다른 글의 내용을 비교하고 관계를 파악하며 글을 읽는 방법을 연습합니다.
- 여러 책의 내용을 유사관계, 대립관계, 인과관계 등 다양한 관점으로 읽는 훈련을 통해 자기 판단력을 키우고 다양한 정보를 파악하는 안목을 기릅니다.

창의적으로 읽기
- 책을 자유롭고 창의적으로 읽는 방법을 연습합니다.
- 새로운 시각으로 글을 읽어 보는 훈련을 통해 책읽는 재미를 더하며, 폭넓고 개성있는 사고력을 키웁니다.

미디어 읽기
- 책 이외의 다양한 매체가 전달하는 내용을 효과적으로 이해하는 방법을 연습합니다.
- 각종 매체들을 비판, 공감, 변형, 발전적으로 읽는 연습을 통해 유용한 정보를 정확하고 빠르게 파악하는 안목과 비판적인 시각을 키웁니다.

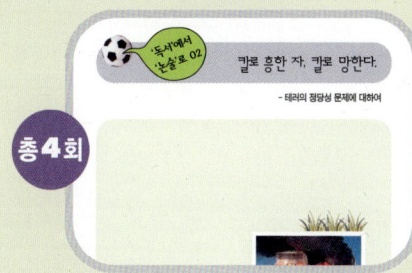

'독서' 에서 '논술' 로
- 앞서 읽은 지문의 내용과 연계된 또 다른 지문을 읽고 한 편의 논술을 완성해 봅니다.
- 대입 논술 기출문제에서 현재 사회적 이슈가 되고 있는 문제까지 다루어 대입 논술 수준의 사고력과 글쓰기 실력을 키웁니다.
- 두 개의 단원이 끝날 때마다 제공되어 총 4회의 논술쓰기 훈련으로 구성되어 있습니다.

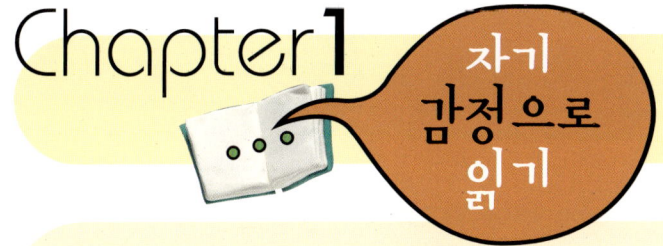

Chapter 1   자기 감정으로 읽기

나를 이해해 줘!

너는 왜 안웃니?

01 어머니는 불고기가 싫다고 하셨어
02 저는 봄이 와도 꽃을 볼 수 없습니다
03 내게 가장 소중한 너
04 입원비와 치료비…지불되었음

Prologue

어제 테레사 수녀님의 위인전을 읽었어. 참 대단해. 모든 사람들이 꺼려하는 나환자와 거지들을 위해 평생을 바쳐 봉사한다는 게. 나라면 한 달만 하라고 해도 기겁을 했을텐데.

정말 천사 같은 분이시지. 노벨평화상 축하파티를 취소하고 그 돈까지 가난한 사람들을 위해 쓰셨다잖아. 나라면 축하파티도 크게 하고 상금으로 사고 싶은 것도 마음껏 사면서 다 써버릴텐데.

나도 위인전을 읽고 나서 테레사 수녀님처럼 평생을 봉사하진 못해도 일주일에 한번은 복지관 같은데서 봉사활동을 해보는 게 좋지 않을까 하는 생각을 했어. 내 상황에선 그 정도가 가장 적당 할 거 같아서. 너도 생각 있으면 같이 할래?

자기 감정으로 읽기
HAKCHUN

1. 왜 〈자기 감정으로 읽기〉가 중요하죠?

TV 프로그램이나 음악도 마찬가지만, 책도 읽는 사람이 재미와 즐거움, 슬픔과 기쁨을 흠뻑 느끼며 읽는 것이 중요합니다. 그런데 우리는 자칫하면 책을 그저 공부하기 위해서만 읽게 되고, 그러다보니 재미나 감동을 찾지 못하는 경우가 많습니다. 또 책 속의 내용을 나와는 별로 상관없는 것처럼 이해하니, 감동과 재미가 없을 수밖에요.

2. 〈자기 감정으로 읽기〉를 하면 뭐가 좋죠?

우선 책의 내용에 좀 더 깊이 빠져들 수 있습니다. 그리고 지겹고 재미없었던 책읽기에서 재미있는 책읽기로 바꿀 수 있죠. 재미있는 책은 재미있게, 슬픈 책은 슬프게 말이죠. 또 문제를 나의 문제로 연관시켜 읽으니까 책에 대한 이해가 깊어집니다. 주인공의 아픔을 나의 아픔으로 읽으니, 당연한 일이겠지요?

3. 어떻게 하면 〈자기 감정으로 읽기〉가 될까요?

- 책 속의 모든 상황을 '나라면 어떻게 했을까?'의 방식으로 생각해 봅니다.
- 책 속의 내용을 드라마와 영화의 장면처럼 생각해 보고, 좀 더 생생하게 느끼려고 노력합니다.
- 마음을 열고, 책 속의 내용에 빠져들기 위해 노력합니다.

자기 감정으로 읽기

01 어머니는 불고기가 싫다고 하셨어

TEXT GUIDE

- 만화 읽기
- 박광수, 「광수생각」: '엄마의 식성'

※ 다음 만화를 읽고 질문에 답해 봅시다.

나는 불고기를 좋아한다.

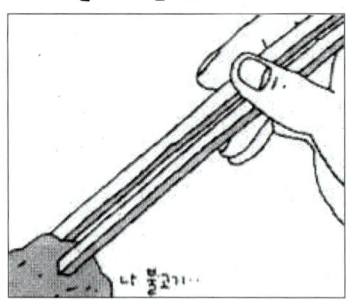

자주 먹을 수 있는 형편은 아니었지만 엄마가 해주는 불고기를 좋아한다.

아버지도 형도 엄마가 만든 불고기를 좋아한다

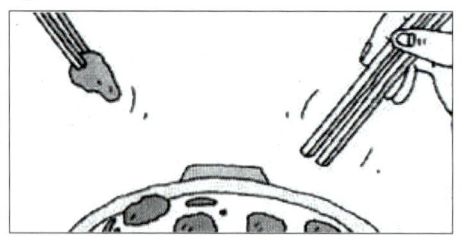

엄마가 만든 불고기를 싫어하는 사람은 엄마 자신뿐이다.

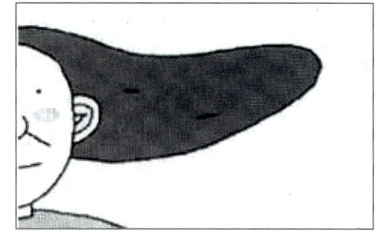

엄마는 이상하게도 흔한 김치를 불고기보다 좋아한다. 엄마의 식성은 정말 까다롭다.

이상한건 마누라가 엄마의 식성을 닮는 것이다. 광수생각 END

만화 속의 이야기만이 아니야. 바로 우리와 우리 어머니의 이야기야.

❶ 엄마는 왜 식구들이 다 좋아하는 불고기를 싫어하시고 김치만 드시는 것일까요?

❷ 왜 아내는 어머니의 입맛을 닮아가는 것일까요?

❸ 다음 글처럼 어머니의 사랑을 느꼈던 나의 경험을 이야기해 봅시다.

> 사춘기에 들어 반항만을 일삼는 딸. 엄마는 점점 삐뚤어져 가는 딸을 달래기도 하고 화를 내기도 했지만 딸은 들은 척도 하지 않았습니다. 어느 날 밤, 엄마는 딸을 위해 작은 선물을 마련했습니다. 딸이 집에 들어와 열어 본 상자 안에는 돌멩이 하나와 편지가 들어 있었습니다.
> "이 돌의 나이는 20억 년이란다. 아마도 내가 널 포기하려면 아마 그만큼의 시간이 걸리겠지."
> 딸은 비로소 엄마의 사랑이 얼마나 깊고 두터운지 알았습니다. 그리고 엄마에게 다가가 말했습니다.
> "20억 년은 너무 길다 엄마. 그러니까 나, 포기하지마."

02 저는 봄이 와도 꽃을 볼 수 없습니다.

- 산문 읽기
- 김현태, 「김현태 산문집」 '행복을 전하는 우체통': 글귀 하나가 사람들의 마음의 문을 열어 다른 사람의 입장에서 생각해 보게 함

※ 다음 글을 잘 읽고 질문에 답해 봅시다.

어느 장님이 팻말을 목에 걸고 지하철 입구에서 구걸을 하고 있었습니다. 그 팻말에는 이런 글귀가 씌어져 있었습니다.

"저는 태어날 때부터 장님입니다."

지나가는 사람들은 많았으나 그 장님에게 동전을 주는 사람은 그리 많지 않았습니다.

어느 날, 장님이 쪼그려 앉아 빵조각을 먹고 있는 것을 보고 한 청년이 장님에게로 다가왔습니다.

그리고는 불쌍했던지 그 장님을 위해 팻말의 글귀를 바꿔주기로 했습니다. 그 청년은 팻말에 있던 글귀를 지우고 그 위에 다시 쓰기 시작했습니다.

"저는 봄이 와도 꽃을 볼 수 없답니다."

그 후로 지나가는 사람들의 태도가 변했습니다. 장님을 바라보며 고개를 끄덕이기 시작했습니다. 그리고 그들은 장님 앞에 놓인 깡통에 동전을 아낌없이 넣었습니다. 참 신기합니다. 글자 몇 개 바꿨을 뿐인데 사람들은 마음의 문을 열기 시작한 것입니다.

사람과 사람과의 거리는 종이 한 장 차이입니다. 나의 풍부한 감성으로 그 간격을 없앨 수 있다면, 분명 세상은 나의 간절함으로 인해 더욱 아름다워질 것입니다.

❶ 구걸을 하던 장님에게 사람들이 돈을 주기 시작한 것은 언제부터입니까?

❷ 내 주변의 장애인에게 나는 어떤 도움을 줄 수 있을지 써 봅시다.

❸ 내가 만약 앞을 못 보는 장애인이라면 어떤 불편함이 있을지 생각해 봅시다.

03 내게 가장 소중한 너

- 소설 읽기
- 6학년 읽기 교과서 수록
- 바스콘셀로스, 「나의 라임 오렌지 나무」: 가난하지만 밝고 순수하게 살아가는 5살 꼬마 제제가 뽀르뚜가라는 어른 친구를 만나면서 성장해가는 이야기

※ 다음 글을 잘 읽고 질문에 답해 봅시다.

가 "진정해라, 애야. 넌 가선 안 돼."

"그렇담 망가라치바가 그를 죽였군요."

"아니 구조대가 금방 왔다. 차는 많이 부서졌지만……."

"아저씨는 거짓말을 하고 계세요. 라디스라우 씨."

"무엇 때문에 거짓말을 하겠니? 기차가 차를 들이받았다고 했잖아? 그가 사람들을 만날 수 있게 되면 내가 널 병원에 데려다 주마. 약속할게. 자, 이제 주스나 좀 마시자꾸나."

그는 손수건을 꺼내 땀을 닦아 주었다.

"토하고 싶어요."

내가 벽에 기대자 그는 머리를 잡아 주었다.

"이제 좀 괜찮니, 제제?"

나는 고개를 끄덕여 보였다.

"집에 데려다 줄까?"

난 머리를 가로저었다. 그리고 정처없이 천천히 걸어 나갔다. 모든 것이 사실이었던 것이다. 망가라치바는 아무것도 용서해 주지 않았던 것이다. 세상에서 힘이 제일 센 것이 기차였던 것이다. 나는 두세 번 더 토했다. 그러나 귀찮게 구는 사람은 아무도 없었다.

나는 학교로 돌아가지 않고 발길이 닿는 대로 마구 걸었다. 때때로 코를 훌쩍이며 교복 셔츠 끝에다 얼굴을 닦았다. 나의 뽀르뚜가를 이제 다시 볼 수 없게 된 것이었다. 더 이상. 그는 가버린 것이었다. 나는 걷고 또 걸었다. 그리고 그가 내게 뽀르뚜가라고 부르는 것을 허락하고 차에 매달리도록 해 준 데까지 걸어갔다. 그리고 나무 등걸에 앉아 얼굴을 무릎에 파묻고 웅크렸다. 그러자 더 이상 희망을 가질 수 없다는 것에 굉장히 화가 났다.

"아기 예수, 넌 나빠. 난 이번엔 꼭 아기 예수가 태어나도록 하겠다고 다짐했는데, 네가 그렇게 해 줬니? 넌 왜 다른 애들처럼 날 좋아하지 않지? 난 아주 착해졌는데 싸움도 안 하고 욕도 안 하고, 공부만 열심히 하고 볼기짝이란 말은 쓰지도 않았어. 그런데 아기 예수, 왜 날 도와 주지 않니? 내 라임 오렌지나무를 자른다고 했을 때도 화 안 내고 잠깐 울었을 뿐이었는데……. 이젠 어떡하란 말이야……. 이젠 어떡해?"
또 눈물이 흘러내렸다.
"아기 예수, 난 다시 뽀르뚜가가 돌아왔으면 좋겠어. 네가 뽀르뚜가를 다시 데려다 줘야 해."
그러자 내 마음 속에서 아주 부드럽고 달콤한 목소리가 들려왔다. 그것은 아마 내가 앉아있는 나무의 친근한 목소리 같았다.
"울지 마 꼬마야. 그는 하늘 나라로 갔어."
밤이 되었다. 기운이 없어서 더 이상 토하거나 울 수도 없었다.

나 내가 아주 어릴 때였나, 우리 집에 살던 백구
해마다 봄, 가을이면 귀여운 강아지 낳았지.
어느 해의 가을엔가 강아지를 낳다가
가엾은 우리 백구는 앓아누워 버렸지.

나하고 아빠 둘이서 백구를 품에 안고
학교 앞의 동물병원에 조심스레 찾아 갔었지.
무서운 가죽 끈에 입을 꽁꽁 묶인 채
멍하니 나만 빤히 쳐다 봐 울음이 터질 것 같았지.

하얀 옷의 의사 선생님 큰 주사 놓으시는데
가엾은 우리 백구는 너무너무 아팠었나봐.
주사를 채 다 맞기 전, 문밖으로 달아나
어디 가는 거니 백구는 가는 길도 모르잖아.
긴 다리에 새하얀 백구 음…… 음……

TEXT GUIDE

- **노래가사 읽기**
- 6학년 읽기 교과서 수록
- 김민기, '백구' : '백구'라는 이름을 가진 개에 대한 어린 시절의 이야기에 곡을 붙여 가수 양희은이 노래로 부른 노래 가사

학교 문을 지켜주시는 할아버지한테 달려가
우리 백구 못 봤느냐고 다급하게 물어봤더니
웬 하얀 개가 와서 쓰다듬어 달라길래,
머리털을 쓸어줬더니 저리로 가더구나.

토끼장이 있는 뒤뜰엔 아무것도 뵈지 않았고
운동장에 노는 아이들 뭐가 그리 재미있는지.
줄넘기를 하는 아이 팔방하는 아이들아.
우리 백구 어디 있는지 알면 가르쳐 주려마.

학교 문을 나서려는데 어느 아주머니 한 분이
내 앞을 지나가면서 혼자말로 하시는 말씀이
웬 하얀 개 한 마리 길을 건너가려다
커다란 차에 치여서 그만…….
긴 다리에 새하얀 백구 음 …… 음 ……

백구를 안고 돌아와 뒷동산을 헤메이다가
빨갛게 피인 맨드라미꽃 그 곁에 묻어 주었지.
그날 밤엔 꿈을 꿨어 눈이 내리는 꿈을
철 이른 흰 눈이 뒷산에 소록소록 쌓이던 꿈을.
긴 다리에 새하얀 백구
음…… 음……

내가 아주 어릴 때에 같이 살던 백구는
나만 보면 괜히 으르릉하고
심술을 부렸지.
라라라라 라 라라라라라 음 ……

백구는 지금쯤 하늘나라에서 행복하게 살고있을까?

1 가 글에서 제제가 슬퍼하는 까닭은 무엇입니까?

2 지금 제제의 심정은 어떨지 제제의 입장이 되어 생각해 봅시다.

3 나 글에서 어떤 일이 일어났는지 사건을 요약해서 써 봅시다.

4 가 와 나 처럼 나에게도 가슴 아픈 이별의 상황이 있었는지 써 봅시다.

상황 :

느낌 :

04 입원비와 치료비 … 지불되었음

- 산문 읽기
- 이미애, 「TV동화 행복한 세상」: 우리 주위의 따뜻하고 감동적인 사건을 모아 만든 이야기

※ 다음 글을 잘 읽고 질문에 답해 봅시다.

　모두가 가난했던 시절, 변두리 허름한 자취방에 의대생이 살았습니다. 학비는커녕 끼니조차 해결하기 힘들었던 청년은 고민 끝에 아끼는 책 몇 권을 싸들고 헌책방을 찾아갔습니다.

　고학생의 주머니 사정을 잘 알고 늘 헌책을 돈으로 바꿔주던 책방 주인은 그날 따라 병이 나 문을 닫고 없었습니다.

　그냥 돌아설 기력조차 남아있지 않았던 그는 너무나 허기지고 피곤해 물이라도 한 잔 얻어 마시려고 옆집으로 들어갔습니다. 그리고 혼자서 집을 보던 어린 소녀에게 사정을 말한 뒤 뭐든 먹을 것을 달라고 부탁했습니다. 하지만 소녀는 무척 미안해하며 먹을 것이 없다고 대답했습니다.

　"그럼…물이라도 좀 주겠니?"

　소녀는 아무런 의심없이 부엌으로 가서는 아마도 제 점심이지 싶은 우유 한 병을 들고 왔습니다. 의대생은 소녀에게 부끄럽고 미안했지만 너무 허기져있던 터라 우유를 벌컥벌컥 들이켰습니다.

　그 후, 몇 년의 세월이 흘렀습니다. 소녀의 어머니가 병에 걸려 입원을 하게 되었습니다. 소녀는 중병에 걸려 몇 번이나 의식을 잃고 수술을 한 어머니 곁을 한시도 떠나지 않고 지켰습니다. 그 극진한 사랑이 약이 된 것인지 어머니는 기적처럼 깨어났습니다.

　퇴원을 하는 날, 소녀는 어머니가 건강을 되찾게 되어 말할 수 없이 기뻤지만 엄청난 병원비가 걱정이었습니다. 그런데 퇴원 수속을 위해 계산서를 받아 들었을 때 소녀는 깜짝 놀랐습니다.

　"입원비와 치료비…모두 합쳐서 우유 한 병. 이미 지불되었음!"

　지난날 힘없이 소녀의 집에 들어와 마실 것을 청하던 그 고학생이 어엿한 의사가 되어 있었던 것입니다.

　우유 한 병.

　㉠ 그 시절 배고픈 고학생에게 그것은 그냥 우유가 아니었습니다. 밥이며 희망이었습니다.

1 ㉠에서 '밥'과 '희망'이 의미하는 것은 무엇인지 그 뜻을 생각해 써 봅시다.

밥 :

희망 :

2 〈보기〉처럼 우리 주위에는 아직도 하루 한 끼의 식사를 걱정하는 사람들이 많습니다. 그런 사람들을 위해 나는 어떤 도움을 줄 수 있을지 이야기해 봅시다.

---- 보기 ----

　　기자가 한 마을에 들어갔을 때, 마을 사람들은 모두 죽어 있었습니다. 그 기자는 한 작은 소년을 발견했습니다. 마침 일행 중의 한 사진 기자가 과일 하나를 갖고 있어서 소년에게 주었습니다. 소년은 그것을 받아들고는 고맙다는 눈짓을 하더니 마을을 향해 걸어갔습니다.

　　기자 일행이 소년의 뒤를 따라갔지만, 소년은 그것을 의식하지 못했습니다. 소년이 마을에 들어섰을 때, 이미 죽은 것처럼 보이는 한 작은 아이가 땅바닥에 누워 있었습니다. 아이의 눈은 완전히 감겨 있었습니다. 이 작은 아이는 소년의 동생이었습니다. 형은 자신의 동생 곁에 무릎을 꿇더니 손에 쥐고 있던 과일을 한 입 베어서는 그것을 씹었습니다. 그리고는 동생의 입을 벌리고는 그것을 입 안에 넣어주었습니다. 그리고는 자기 동생의 턱을 잡고 입을 벌렸다 오므렸다 하면서 동생이 씹도록 도와주었습니다. 기자 일행은 그 소년이 자기 동생을 위해 보름 동안이나 그렇게 해온 것을 나중에야 알게 되었습니다. 며칠 뒤 결국 소년은 영양실조로 죽었습니다. 그러나 소년의 동생은 끝내 살아남았습니다.

– 김혜자 「꽃으로도 때리지 마라」 중에서

우리는 책을 읽을 때, 항상 어떠한 목적을 두고 읽습니다. 책에서 원하는 정보를 찾기 위해, 또는 책을 읽고 독후감을 쓰기 위해, 또는 공부에 도움이 되기 위해……. 이런 목적이 있는 책 읽기는 우리가 책에서 찾아낼 수 있는 재미와 즐거움을 반감시킵니다. 책 읽기를 어떤 목적을 위한 수단이라고 생각하지 않고 그 무엇보다 재미있는 하나의 '놀이'라고 생각한다면 책을 읽는 것을 부담스러워 하지 않고 즐길 수 있게 될 것입니다. 책을 읽는 시간 동안은 나의 감정과 느낌을 최대한 살려 내가 책 속의 주인공이 되어봅니다. 그리고 실감나는 즐거운 '놀이'를 시작하는 것이지요. 자기 감정으로 읽기는 놀이와 같은 책 읽기를 도와주는 독서 방법인 것입니다.

Chapter 2 사실적으로 읽기

사실대로 말하란 말이야!

그게 사실이냐구……?

01 오늘의 경고를 알려드립니다
02 이 약으로 말씀드릴 것 같으면
03 교통·통신·과학 그리고 지구촌
04 아무거나 척척 잘 먹어야지

Prologue

 신문에서 봤는데 논개가 친일파라고 영정을 떼버렸다며?

 너 대~충 읽었구나? 논개가 친일파가 아니라 논개 영정을 그린 사람이 친일파라서 그림을 떼버낸 거야.

 그거나 그거나, 아무튼 떼버낸 건 맞잖아. 그까짓 것, 대충 읽으면 그만이지 뭐.

 사실을 정확히 알아야지. 대충대충 그러지 말구!

사실적으로 읽기
HAKCHUN

1. 〈사실적으로 읽기〉란 무슨 뜻인가요?

글을 읽을 때 주의해야 할 점엔 여러 가지가 있겠지만, 그 가운데에서도 가장 중요한 것은 글을 자세히 읽고 정확하게 내용을 이해하는 일이야.

사실적 읽기란 바로 이렇게 글을 자세하고 정확하게 읽는 것을 말해. 글의 내용을 정확하고 자세하게 이해한다는 점에서 사실적으로 읽기는 모든 독서 방법에서도 기본이고 독서의 출발선이라고 볼 수 있지.

2. 〈사실적으로 읽기〉를 하면 뭐가 좋죠?

아무리 많은 책을 읽는다 하더라도 내용을 하나도 기억을 하지 못한다면, 시간만 낭비하는 것이 되기 쉬워. 천천히 글을 정확하고 사실대로 읽어야 글의 내용도 확실히 이해하고, 그 다음에 이어지는 활동도 올바른 방향으로 나아갈 수가 있어. 문학작품만이 아닌 실용문을 읽을 때는 더 중요하지. 사실적으로 읽기는 글을 읽는 사람들에게 방향을 제시해 주는 나침반이라고 할 수 있어.

3. 어떻게 하면 〈사실적으로 읽기〉가 될까요?

- 글을 읽을 때 정독을 합니다.
- 기억하고 싶은 내용이나 중요한 내용을 메모합니다.
- 빠르게 내용을 이해하려 하지 않고 차근차근 글을 읽습니다. (소설의 경우 인간 관계나 앞의 내용을 기억하여 연관시켜서 읽고 실용문인 경우 글의 대상을 떠올리며 하나하나 짚어가며 읽습니다.)

01 오늘의 경고를 알려드립니다

※ 다음 경고문과 설명문을 읽고 질문에 답하여 봅시다.

- 경고문 읽기
- 흔히 볼 수 있는 경고문과는 달리 웃음이 나오는 문구를 삽입한 경고문

가

【경】 익사 사고가 많은 곳 【고】

세상에 물귀신이 있는지 없는지는 저희도 잘 모릅니다. 그러나 이곳에서는 해마다 여름이면 3-8회 이상 그것도 한곳에서만 사람이 잘 빠져 죽습니다.
만약 죽은자가 나 아니면 나의 가족이라고 생각하여 보십시오. 한마디로 끔찍한 일이 아니겠습니까!
물놀이 하시는 분들은 이점 상기 하시고 다음사항을 필히 지켜 주시기 바랍니다.

1. 절대 술 마시고 물에 들어가지 마십시오.
2. 특히 어린이와 물놀이할때는 구명조끼 나 안전튜브 를 착용하시기 바랍니다.
   (튜브와 어린이 그리고 어른사이에는 로프 나 끈 등을 이용하여 떨어지지 않게 하십시오.)
3. 우천시는 물놀이를 삼가하십시오.
4. 야간 물놀이를 삼가하십시오.
5. 그물 이나 투망 등을 이용하여 물고기잡는 행위 를 삼가하십시오.
6. 만약 저희 해병대전우회 안전요원이 있을시에는 절대적으로 안전요원 지시에 따라주십시오.

감사합니다

- 설명문 읽기
- 인스턴트 식품의 조리법을 설명하고 있는 설명문

나

■ 조리법

1. 포장지를 개봉하여 내용물(비빔밥, 스프, 된장국, 참기름)을 꺼내서 확인합니다.
2. 즉석 비빔밥에 스프를 넣고 뜨거운 물(180cc)을 안쪽 선까지 붓고 지퍼락으로 밀봉합니다.
3. 10분 후 참기름을 첨가하여 골고루 비벼 먹으면 맛있는 비빔밥의 맛을 느낄 수 있습니다.
4. 된장국도 선까지 뜨거운 물(140cc)을 붓고 잘 저어 비빔밥과 함께 드십시오.

꼼꼼하고 자세하게 읽어야 해.

1. 다음 중 가 에서 경고하지 <u>않은</u> 것은 무엇입니까? 앞의 그림을 보지 말고 답해 봅시다. ( )

   ① 비가 올 때는 물놀이를 하면 안 된다.
   ② 그물이나 투망으로 물고기를 잡으면 안 된다.
   ③ 술을 마신 상태에서는 물에 들어가면 안 된다.
   ④ 밤에는 안전요원이 있을 때만 물놀이를 해야 한다.
   ⑤ 물놀이를 할 때는 튜브 같은 안전 기구를 사용해야 한다.

2. 가 와 같은 경고문을 붙인 까닭으로 가장 적절한 것은 무엇입니까? ( )

   ① 이 저수지에는 물귀신이 있기 때문에
   ② 해마다 익사 사고가 자주 나기 때문에
   ③ 안전요원의 말을 사람들이 너무 무시하기 때문에
   ④ 안전요원의 가족이 얼마 전에 빠져 죽었기 때문에
   ⑤ 해병대 전우회 안전요원들이 있다는 것을 알리기 위해

3. 다음 중 나 에서 설명한 조리법이 맞는 것을 모두 골라 봅시다. ( )

   ① 뜨거운 물을 부은 후 식기 전에 바로 먹는다.
   ② 참기름을 첨가하여 밥을 비벼 먹으면 맛이 좋다.
   ③ 내용물은 비빔밥, 스프, 된장국, 참기름, 들기름 등이다.
   ④ 된장국은 선까지 뜨거운 물(140cc)을 붓고 저어서 먹는다.
   ⑤ 즉석 비빔밥에 뜨거운 물(180cc)을 안쪽 선까지 부은 뒤 스프를 넣는다.

02 이 약으로 말씀드릴 것 같으면

TEXT GUIDE

- 사설 읽기
- 6학년 읽기 교과서 수록
- '우리 한약재 살려야.': 한국 한약재가 값싼 중국산 약재에 밀리는 현실을 우려하는 신문 사설

※ 다음 신문 사설을 읽고 질문에 답해 봅시다.

　서양 의학의 한계를 절감한 세계는 대체 의학이라는 이름으로 동양 의학에 커다란 관심을 기울이고 있다. 우리 한의학은 동양 의학의 대명사처럼 불리는 중국 전통 의학과는 달리, 체질에 따라 치료를 달리 하는 독특한 사상 의학을 발달시켜 왔다. 우리의 소중한 문화유산인 한의학이 우리 땅에서 생산되는 한약재에 뿌리를 두고 있음은 말할 것도 없다. 그런데 최근 농산물 수입 개방과 함께, 값싼 중국산 한약재가 밀려 들어오면서 우리 한약재의 생산 기반이 무너질 위기에 처했다. 한약재 재배를 포기하는 농가가 늘어나면서 씨앗과 씨뿌리기조차 사라져가는 사태가 벌어지고 있다. 재배 농가를 위해서뿐 아니라, 독특한 효능을 가진 생물 자원을 보호하고 한의학을 발전시키기 위해서도 우리 한약재를 지키고 살려내는 일이 시급하다.

　중국산 한약재가 밀려 들어오는 가장 큰 이유 중의 하나는 싼 중국산 한약재를 국산으로 속여 팔아 폭리를 취하려는 사람이 있기 때문이다. 많은 소비자들이 국산으로 잘못 알고 중국산 한약재를 사용하는 사이에 우리 한약재 재배 농가는 설 자리를 잃고 있다. 따라서, 불법이 판치는 한약재 유통시장을 정상화하는 것이 무엇보다 시급하다.

　우리 한약재가 활로를 찾기 위해서는 국내 시장뿐 아니라, 미국 등 엄청난 규모의 외국 시장에도 눈을 돌려야 한다. 중국산에 비해 우리 한약재의 품질이 우수하다는 사실이 사용해 본 사람들에게는 잘 알려져 있다. 우리 한약재를 고급화하고 그 우수성을 체계적으로 홍보하는 한편, 생산 원가를 낮추어 국제 경쟁력을 높여야 한다.

1 다음 중 앞의 글에 나타난 내용과 <u>다른</u> 것은 무엇입니까? ( )

① 중국산 한약재가 한의학에는 더 효능이 좋다
② 동양 의학이라고 하면 대부분 중국 의학을 떠올린다.
③ 서양 의학의 한계 때문에 동양 의학이 관심을 끌고 있다.
④ 사상 의학이란 체질에 따라 병을 치료하는 의술 방법이다
⑤ 우리 나라 한약재보다 값싼 중국산 한약재가 밀려 들어온다.

2 앞의 글에서 우리 한약재의 활로를 찾기 위한 방안으로 글쓴이가 제시한 방법은 무엇입니까?

3 앞의 글과 관련하여 다음 만화에 적절한 제목을 붙여 봅시다.

03 교통·통신·과학 그리고 지구촌

- 교과서 읽기
- 6학년 사회 교과서 수록
  : 교통, 통신과 과학, 기술의 발달이 지구촌의 생활에 미치는 영향
- 지구가 '촌'이라는 이름으로 묶이는 데에 큰 공헌을 한 교통, 통신, 과학의 발달 상황 설명

※ 다음 글을 읽고 질문에 답해 봅시다.

가 교통의 발달과 지구촌 생활의 변화

　고속 철도는 유럽 연합이 경제적으로 통합되는 데에 큰 도움을 주고 있다. 유럽의 고속 철도는 국경을 자유롭게 넘나들 수 있어, 유럽 연합의 실제적인 통합에 큰 몫을 하고 있기 때문이다.
　한편, 고속 철도는 에너지 효율성이 높아 지구 환경 보전에 적합한 교통 수단으로 인정받고 있다.

　오늘날 비행기는 대형화, 고속화, 연료 절약 및 소음 경감의 네 가지 방향으로 발달해 가고 있다. 이러한 비행기의 발달은 지구촌을 1일 생활권으로 이어 주고 있다. 한편, 항공 교통의 발달에 따라 우리 나라의 인천 국제 공항은 21세기 수도권 항공 운송의 수요를 분담하고, 동북 아시아 항공 수송의 중심 구실을 하고 있다.

　과학·기술의 발달이 교통의 발달에 획기적인 변화를 가져옴으로써 인간은 우주 여행을 할 수 있게 되었다. 우주선을 타고 푸른빛이 감도는 지구를 바라볼 수 있게 되었다.

지금도 첨단기술의 발전은 계속되고 있지.

30

나 통신의 발달과 지구촌 생활의 변화

이제는 어디를 가든지 휴대 전화만 있으면 통화할 수 있고, 인터넷도 할 수 있어!

지구촌을 연결하는 컴퓨터 통신망을 통해 우리는 세계의 정보를 얻을 수 있다. 관심을 가지고 있는 분야의 자료를 컴퓨터를 통해 얻을 수 있으며, 외국에 있는 친구와 전자 우편을 주고받을 수도 있다. 또, 인터넷을 통해 외국의 상품을 구입할 수도 있다.

통신 위성의 발달은 지구촌을 하나로 묶어 준다. 지구촌 곳곳의 소식을 빠르고 현장감 있게 전달해 주기 때문이다.
올림픽이나 월드 컵 대회와 같은 경기를 지구촌의 모든 나라가 통신 위성을 통해 동시에 시청할 수 있다.

● 우리 나라의 통신 위성 발사 (무궁화 2호)

● 우리 나라의 통신 위성 무궁화 3호 (가상도)

다 과학·기술의 발달과 지구촌 생활의 변화

과학·기술의 발달은 사람이 하기 힘든 일을 대신 하거나 노동력을 절감할 수 있는 로봇을 만들어 내었다. 예를 들면, 자동차를 조립하는 로봇, 농사일을 하는 로봇, 해저 탐사를 하는 로봇 등이 생산되어 생활을 편리하게 할 뿐만 아니라 더 나은 과학·기술을 개발하도록 하고 있다.

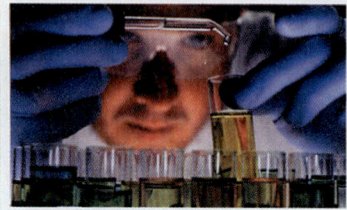
유전 공학의 발달은 식량 생산에 많은 기여를 하였다. 슈퍼 쌀, 슈퍼 콩, 슈퍼 옥수수 등의 개발로 식량 부족 문제를 해결하게 되었다. 최근에는 우주 여행을 위해 생선살을 배양액에 넣어 급속 성장시키는 기술도 개발하고 있다.

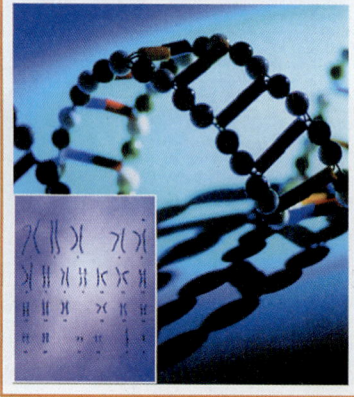
오늘날 생명 공학의 발달은 인류 역사상 가장 큰 업적인 동시에, 신중하게 이용해야 한다는 과제를 주고 있다.
유전자 해독 연구 결과 인체 유전자의 구조가 밝혀져, 암을 유발하는 유전자, 생명을 연장시키는 유전자 등을 찾아 내었다. 이는 인류의 수명을 연장시키고 건강을 증진시킬 수 있는 획기적 진보라 할 수 있으나, 이를 이용할 때에는 신중하여야 한다.

1 가 에서 교통의 발달로 인해 생긴 지구촌의 변화가 <u>아닌</u> 것은 무엇입니까?

( )

① 세계를 1일 생활권으로 묶어 주었다.
② 유럽 연합이 탄생하고 지구 환경 보전에 기여하였다.
③ 지구촌 곳곳의 소식을 빠르고 현장감 있게 전달한다.
④ 인간은 우주선을 타고 우주 여행을 할 수 있게 되었다.
⑤ 우리나라를 동북 아시아 항공 수송의 중심점으로 만들었다.

2 나 에서 통신의 발달이 지구촌에 가져오는 변화를 세 가지만 써 봅시다.

① _____
② _____
③ _____

3 다 에서 과학·기술의 발달로 생명 공학이 발달하여 우리에게 주는 이로운 점에는 어떤 것이 있는지 써 봅시다.

_____
_____
_____

4 앞에서 나온 교통, 통신, 과학·기술의 발달로 미래 사회에는 어떤 좋은 점이 일어날 수 있을지 자유롭게 이야기해 봅시다.

_____
_____
_____

04 아무거나 척척 잘 먹어야지

- 기사문 읽기
- 한국 어린이의 편식과 식습관에 대한 조사 결과를 발표한 신문 기사문

※ 다음 글을 읽고 질문에 답해 봅시다.

초등학생 어린이의 절반 이상이 음식을 골고루 먹지않고 편식하고 있는 것으로 나타났다. 이 같은 사실은 대한영양사협회 의뢰로 가톨릭대학 손숙미 교수와 한국갤럽조사연구소가 최근 전국 초등학생 학부모 1014명을 대상으로 실시한 조사에서 드러났다.

26일 대한영양사협회가 발표한 '자녀 식생활 습관에 대한 평가'에 따르면 자녀가 편식한다는 응답이 56.8%(576명)나 됐다. 또 학부모의 54.2%(550명)는 '자녀가 가공 식품이나 인스턴트 식품을 좋아한다.'고 답했으며 30.6%(310명)는 과식이 염려된다고 밝혔다.

이 같은 식습관에 따라 학부모들이 어린이 질병 가운데 가장 심각하게 여기고 있는 것으로는 비만(51.1%), 아토피성 질환(35.6%), 소아 당뇨(3%), 저체중(2.5%), 빈혈(2.4%) 등의 순이었다.

또 '식사 예절이 좋지 않다'는 답이 34.6%나 됐고, '식사 시간이 불규칙하다'고 걱정하는 비율은 17.1%였다. 영양 교육의 필요성에 대해선 학부모의 97.7%가 찬성했으며 94.2%는 '학교 급식이 어린이 건강에 중요하다.'고 대답했다.

조사를 맡은 손숙미 교수는 "초등학생 시절은 건강한 식습관이 형성되는 가장 중요한 시기이므로 적절한 영양 교육이 필요하다."고 밝혔다.

— 조선일보

수치로 나온 조사 결과는 거의 일반적 사실에 가깝다고 볼 수 있지

① 아이들의 편식으로 인해 부모님들이 걱정하는 질병에는 어떤 것들이 있습니까?

② 이 기사문은 초등학생들에게 적절한 영양 교육이 필요한 까닭으로 무엇을 들었습니까?

③ ㉠의 음식과 ㉡의 음식의 장단점을 각각 써 봅시다.

㉠    ㉡

㉠ 장점:

단점:

㉡ 장점:

단점:

이 풍경들은 놀랍게도 사진이 아닌 그림들이랍니다. '극사실화'라고 불리는 이런 그림을 모르는 사람들은 사진이라고 생각하기 쉽지만 엄연한 그림들입니다. 정밀하고 세밀하게 사실적으로 그려낸 그림들이지요. 책을 사실적으로 읽으라고 해서 글에 나온 내용을 무조건 외우라는 것은 아닙니다. 그러나 일단 글을 읽을 때에는 최대한 집중해서 작가가 전달하는 정보를 있는 그대로 확인하는 것이 중요합니다. 그러고 난 후에야 비로소 우리는 느낌을 가질 수도 있고, 또 다른 궁금증을 가질 수도 있고, 큰 교훈을 발견할 수도 있답니다.